Impressum
Verlag: BABADADA GmbH, Nedderfeld 112 , 22529 Hamburg
Geschäftsführer / Verlagsleitung: Harald Hof
Druck: Books on Demand GmbH, In de Tarpen 42, 22848 Norderstedt

Imprint
Publisher: BABADADA GmbH, Nedderfeld 112 , 22529 Hamburg, Germany
Managing Director / Publishing direction: Harald Hof
Print: Books on Demand GmbH, In de Tarpen 42, 22848 Norderstedt, Germany

المدرسة

5ch00l

القسم
cl455r00m
يقسم
d1v1d3
186/2
اللوح
b04rd
المعلّم
734ch3r
ورقة
p4p3r
يكتب
wr173
القلم
p3n
طاولة المكتب
d35k
المسطرة
rul3r
الكتاب
b00k
التلميذ
pup1l

الحقيبة المدرسية

547ch3l

المقلمة

p3nc1l c453

قلم الرصاص

p3nc1l

البرّاية

p3nc1l 5h4rp3n3r

المِمحاة

rubb3r

دفتر الرسم

dr4w1n6 p4d

الرسمة
dr4w1n6

الفرشاة
p41n7bru5h

علبة التلوين
p41n7 b0x

المقص
5c1550r5

المادة اللاصقة
6lu3

دفتر التمارين
3x3rc153 b00k

الواجب المدرسي
h0m3w0rk

12

الرقم
numb3r

2+2

يجمع
4dd

5-2

يطرح
5ub7r4c7

2×2

يضرب
mul71ply

يحسب
c4lcul473

A

الحرف
l3773r

ABCDEFG
HIJKLMN
OPQRSTU
VWXYZ

الأبجدية
4lph4b37

hello

كلمة
w0rd

النص

....

73x7

يقرأ

....

r34d

الطبشور

....

ch4lk

الحصة

....

l3550n

دفتر الدوام المدرسي

....

r361573r

الامتحان

....

3x4m1n4710n

شهادة

....

c3r71f1c473

اللباس المدرسي

....

5ch00l un1f0rm

التعليم

....

3duc4710n

الموسوعة

....

3ncycl0p3d14

الجامعة

....

un1v3r517y

المِجهر

....

m1cr05c0p3

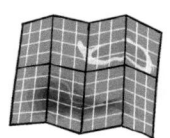

الخريطة

....

m4p

قماما

....

w4573-p4p3r b45k37

سفر

7r4v3l

فندق
h073l
بيت الشباب
h0573l
مكتب صرافة
curr3ncy 3xch4n63 0ff1c3
حقيبة
5u17c453
سيارة
c4r

اللغة

....

l4n6u463

نعم / لا

....

y35 / n0

حسناً

....

0k4y

مرحباً

....

h3ll0

مترجم

....

7r4n5l470r

شكراً

....

7h4nk y0u

كم ثمن ... ؟

h0w much 15

لا أفهم

1 d0 n07 und3r574nd

مشكلة

pr0bl3m

مساء الخير

600d 3v3n1n6!

صباح الخير!

600d m0rn1n6!

ليلة سعيدة

600d n16h7!

إلى اللقاء

600dby3

اتجاه

d1r3c710n

أمتعة السفر

lu66463

حقيبة

b46

حقيبة ظهر

b4ckp4ck

ضيف

6u357

غرفة

r00m

كيس للنوم

5l33p1n6 b46

خيمة

73n7

استعلامات سياحية

70ur157 1nf0rm4710n

شاطئ

b34ch

بطاقة انتمان

cr3d17 c4rd

إفطار

br34kf457

طعام الغداء

lunch

العشاء

d1nn3r

بطاقة سفر

71ck37

مصعد

3l3v470r

طابع بريدي

574mp

حدود

b0rd3r

الجمارك

cu570m5

سفارة

3mb455y

تأشيرة

v154

جواز سفر

p455p0r7

نقل

7r4n5p0r7

طائرة
41rpl4n3
سفينة
5h1p
سيارة إطفاء
f1r3 7ruck
حافلة
bu5
سيارة شاحنة
7ruck
زورق آلي
m070rb047
دراجة
b1k3
سيارة
c4r

عبارة

f3rry

قارب

b047

دراجة نارية

m070rb1k3

سيارة شرطة

p0l1c3 c4r

سيارة سباق

r4c1n6 c4r

سيارة مستأجرة

r3n74l c4r

أسلوب تشاركي في استئجار السيارا

c4r 5h4r1n6

سيارة للجر

70w 7ruck

سيارة نقل القمامة

64rb463 7ruck

محرك

3n61n3

وقود

fu3l

محطة وقود

fu3l 574710n

إشارة مرور

7r4ff1c 516n

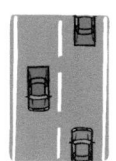

حركة السير

7r4ff1c

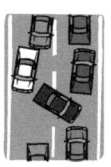

ازدحام سير

7r4ff1c j4m

موقف سيارات

p4rk1n6 l07

محطة قطار

7r41n 574710n

سكك حديدية

7r4ck5

قطار

7r41n

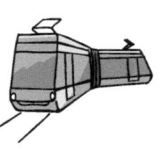

ترام

7r4m

عربة قطار

w460n

طائرة مروحية

h3l1c0p73r

مطار

41rp0r7

برج

70w3r

مسافر

p4553n63r

حاوية

c0n741n3r

علبة كرتون

c4r70n

عربة يد

c4r7

سلة

b45k37

يقلع / يهبط

74k3 0ff / l4nd

مدينة

c17y

قرية

v1ll463

مركز المدينة

c17y c3n73r

بيت

h0u53

سينما
m0v13 7h3473r

دعاية
4dv3r7

مصباح الشارع
57r337 l16h7

شارع
57r337

تاكسي
74x1

مشاة
p3d357r14n

كشك
5n4ck 5h0p

CINEMA

رصيف
51d3w4lk

تقاطع
cr0551n6

معبر المشاة
z3br4 cr0551n6

حاوية قمامة
dump573r

إشارة ضوئية
7r4ff1c l16h75

كوخ
....
hu7

شقة
....
4p4r7m3n7

محطة قطار
....
7r41n 574710n

دار البلدية
....
c17y h4ll

متحف
....
mu53um

المدرسة
....
5ch00l

الجامعة
....
un1v3r517y

مصرف
....
b4nk

المستشفى
....
h05p174l

فندق
....
h073l

صيدلية
....
ph4rm4cy

مكتب
....
0ff1c3

مكتبة
....
b00k 5h0p

متجر
....
5h0p

محل لبيع الزهور
....
fl0w3r 5h0p

سوبرماركت
....
5up3rm4rk37

سوق
....
m4rk37

متجر كبير
....
d3p4r7m3n7 570r3

تاجر السمك
....
f15hm0n63r'5 5h0p

مركز تسوّق
....
m4ll

ميناء
....
h4rb0r

حديقة عامة
....
p4rk

مقعد
....
b3nch

جسر
....
br1d63

درج، سلم
....
5741r5

مترو
....
5ubw4y

نفق
....
7unn3l

موقف حافلات
....
bu5 570p

بار
....
b4r

مطعم
....
r3574ur4n7

صندوق البريد
....
p057b0x

لافتة باسم الشارع
....
57r337 516n

مقياس زمن الوقوف
....
p4rk1n6 m373r

حديقة حيوانات
....
z00

مسبح
....
5w1mm1n6 p00l

مسجد
....
m05qu3

مزرعة

f4rm

تلوث البيئة

p0llu710n

مقبرة

c3m373ry

كنيسة

church

ملعب الأطفال

pl4y6r0und

معبد

73mpl3

طبيعة ريفية

l4nd5c4p3

ورقة
l34f

علامة إرشاد
516np057

طريق
p47h

مرج
m34d0w

حجر
570n3

شجرة
7r33

رحالة
h1k3r

نهر
r1v3r

عشب
6r455

زهرة
fl0w3r

وادٍ

....

v4ll3y

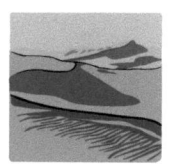

جبل

....

h1ll

بحيرة

....

l4k3

غابة

....

f0r357

صحراء

....

d353r7

بركان

....

v0lc4n0

قلعة

....

c457l3

قوس قزح

....

r41nb0w

فِطر

....

mu5hr00m

نخلة

....

p4lm 7r33

بعوض

....

m05qu170

ذبّانة

....

fly

نملة

....

4n7

نحلة

....

b33

عنكبوت

....

5p1d3r

خنفساء

b337l3

ضفدعة

fr06

سنجاب

5qu1rr3l

قنفذ

h3d63h06

أرنب

h4r3

بومة

0wl

عصفور

b1rd

بجعة

5w4n

خنزير برّي

b04r

غزال

d33r

إلكة

m0053

سد

d4m

دولاب الطاحونة الهوائية

w1nd 7urb1n3

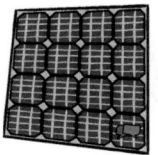

خلية شمسية

50l4r p4n3l

مناخ

cl1m473

مطعم

r3574ur4n7

نادل
w4173r
لائحة الطعام
m3nu
كرسي
ch41r
حساء
50up
بيتزا
p1zz4
أدوات المائدة
cu7l3ry
غطاء المائدة
74bl3cl07h

مقبلات
....
574r73r

الصحن الرئيسي
....
m41n c0ur53

حلوى أو فاكهة بعد الطعام
....
d3553r7

مشروبات
....
dr1nk5

طعام
....
f00d

زجاجة
....
b077l3

وجبات سريعة

f457 f00d

طعام الشارع

57r337 f00d

إبريق الشاي

734p07

علبة السكر

5u64r b0wl

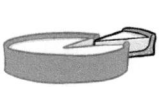

حصّة

p0r710n

آلة الإسبريسو

35pr3550 m4ch1n3

كرسي عالٍ

h16h ch41r

فاتورة

b1ll

صينية

7r4y

سكين

kn1f3

شوكة

f0rk

ملعقة

5p00n

ملعقة الشاي

7345p00n

منديل المائدة

53rv13773

كأس

6l455

صحن
....
pl473

صحن الحساء
....
50up pl473

صحن الفنجان
....
54uc3r

صلصة
....
54uc3

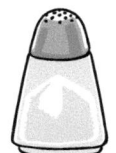

مملحة
....
54l7 5h4k3r

مطحنة الفلفل
....
p3pp3r m1ll

خلّ
....
v1n364r

زيت الطعام
....
01l

توابل
....
5p1c35

كتشاب
....
k37chup

خردل
....
mu574rd

مايونيز
....
m4y0nn4153

سوبرماركت

5up3rm4rk37

عرض خاص
5p3c14l 0ff3r
FOR
زبون
cu570m3r
مشتقات الحليب
d41ry pr0duc75
فواكه
fru17
عربة تسوّق
5h0pp1n6 c4r7

جزّار

bu7ch3r'5 5h0p

مخبز

b4k3ry

يزن

w316h

خضار

v36374bl35

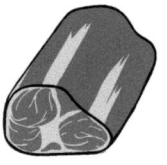

لحم

m347

المأكولات المجمّدة

fr0z3n f00d

مرتدلا أو جبن

....

c0ld cu75

معلبات

....

c4nn3d f00d

مسحوق الغسيل

....

d373r63n7

حلويات

....

c4ndy

المواد المنزلية

....

h0u53h0ld pr0duc75

منظفات

....

cl34n1n6 pr0duc75

بائعة

....

54l35 r3pr353n7471v3

صندوق الحساب

....

c45h r361573r

أمين صندوق

....

c45h13r

قائمة المشتريات

....

5h0pp1n6 l157

أوقات العمل

....

0p3n1n6 h0ur5

محفظة النقود

....

w4ll37

بطاقة ائتمان

....

cr3d17 c4rd

حقيبة

....

b46

كيس بلاستيكي

....

pl4571c b46

مشروبات

dr1nk5

ماء

w473r

عصير

ju1c3

حليب

m1lk

كولا

c0k3

نبيذ

w1n3

بيرة

b33r

كحول

4lc0h0l

كاكاو

c0c04

شاي

734

قهوة

c0ff33

قهوة إسبريسو

35pr3550

كابوتشينو

c4ppucc1n0

طعام

f00d

موزة

b4n4n4

تفاح

4ppl3

برتقال

0r4n63

بطيخ

m3l0n

ليمون

l3m0n

جزرة

c4rr07

ثوم

64rl1c

خيزران

b4mb00

بصل

0n10n

فِطر

mu5hr00m

لوزيات

nu75

شعيرية

n00dl35

سباغيتي

5p46h3771

أرزّ

r1c3

سلطة

54l4d

بطاطا مقلية

fr135

بطاطا مقلية

fr13d p0747035

بيتزا

p1zz4

هامبورغر

h4mbur63r

ساندويش

54ndw1ch

شريحة لحم مقلية

35c4l0p3

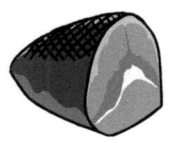

لحم خنزير

h4m

سلامي

54l4m1

سجق

54u5463

دجاج

ch1ck3n

لحم محمر

r0457

سمك

f15h

دقيق الشوفان

p0rr1d63 0475

موسلي

mu35l1

كورن فلكس

c0rnfl4k35

طحين

fl0ur

كرواسان

cr01554n7

خبز صغير

br34d r0ll

خبز

br34d

خبز محمص

70457

بسكويت

c00k135

زبدة

bu773r

لبن زبادي

curd

كعكة

c4k3

بيضة

366

بيض مقلي

fr13d 366

جبنة

ch3353

مثلجات
1c3 cr34m

سكر
5u64r

عسل
h0n3y

مربّى الفاكهة
j3lly

كريم النوغا
n0u647 cr34m

الكاري
curry

مزرعة
f4rm

مخزن غلال
b4rn
رزمة من التبن
57r4w b4l3
حقل
f13ld
حصان
h0r53
مقطورة
7r41l3r
جرار
7r4c70r
مهر
f04l
حمار
d0nk3y
خروف
5h33p
خروف
l4mb

ماعز
6047

بقرة
c0w

عجل
c4lf

خنزير
p16

خنزير صغير
p16l37

ثور
bull

إوزّة
....
60053

بطة
....
duck

صوص
....
ch1ck

دجاجة
....
h3n

ديك
....
c0ck3r3l

جرذ
....
r47

قطة
....
c47

فأر
....
m0u53

ثور
....
0x

كلب
....
d06

كوخ الكلب
....
d06 h0u53

خرطوم الحديقة
....
64rd3n h053

إبريق
....
w473r1n6 c4n

منجل
....
5cy7h3

المحراث
....
pl0u6h

منجل
51ckl3

معزقة
h03

مذراة الزبل
p17chf0rk

بلطة
4x3

عربة يد
pu5hc4r7

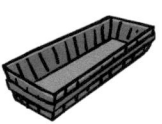

معلف
7r0u6h

صفيحة الحليب
m1lk c4n

كيس
54ck

سياج
f3nc3

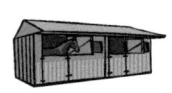

اصطبل
574bl3

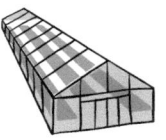

دفيئة
6r33nh0u53

تربة
501l

بذور
533d

سماد
f3r71l1z3r

حصّادة درّاسة
c0mb1n3 h4rv3573r

يحصد

h4rv357

محصول

h4rv357

بطاطا يامس

y4m5

قمح

wh347

صويا

50y4

بطاطا

p07470

ذرة

c0rn

سلجم

r4p3533d

شجرة فاكهة

fru17 7r33

نبات منيهوت

m4n10c

الحبوب

6r41n

بيت

h0u53

مدخنة
ch1mn3y
سقف
r00f
مزراب
d0wn5p0u7
نافذة
w1nd0w
مرآب
64r463
جرس الباب
d00rb3ll
باب
d00r
7r45h c4n
صندوق البريد
m41lb0x
حديقة
64rd3n

غرفة جلوس

l1v1n6 r00m

الحمّام

b47hr00m

مطبخ

k17ch3n

غرفة النوم

b3dr00m

غرفة الأطفال

ch1ld'5 r00m

غرفة الطعام

d1n1n6 r00m

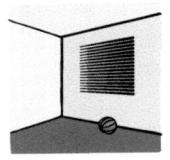

أرضية
....
fl00r

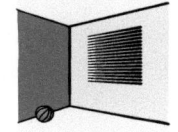

حائط
....
w4ll

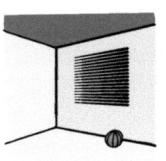

سقف
....
c31l1n6

قبو
....
c3ll4r

ساونا
....
54un4

بلكون
....
b4lc0ny

شرفة
....
73rr4c3

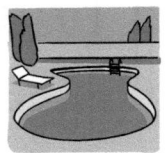

مسبح
....
p00l

جزّازة العشب
....
l4wn m0w3r

بياضات السرير
....
5h337

بطانية
....
b3d5pr34d

سرير
....
b3d

مكنسة
....
br00m

سطل
....
buck37

مفتاح كهربائي
....
5w17ch

غرفة جلوس

l1v1n6 r00m

ورق جدران
w4llp4p3r
صورة
p1c7ur3
مصباح كهربائي
l4mp
رف
5h3lf
خزانة
c4b1n37
تلفزيون
73l3v1510n
موقد مفتوح
f1r3pl4c3
زهرة
fl0w3r
وسادة
cu5h10n
كنبة
50f4
مزهرية
v453
تحكم عن بعد
r3m073 c0n7r0l

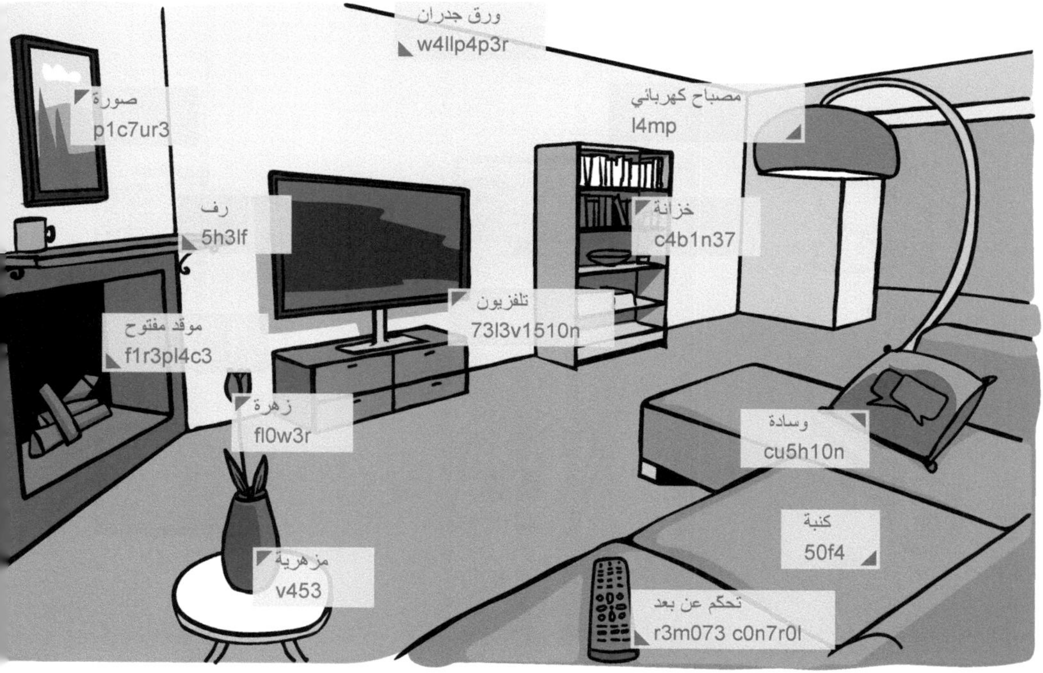

بصاط

c4rp37

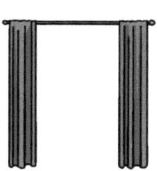

ستارة

dr4p3

طاولة

74bl3

كرسي

ch41r

كرسي هزّاز

r0ck1n6 ch41r

كرسي ذو ذراعين

4rmch41r

الكتاب
b00k

بطانية
bl4nk37

زخرفة
d3c0r4710n

الحطب
f1r3w00d

فيلم
f1lm

تجهيزات ستيريو
573r30 5y573m

مفتاح
k3y

جريدة
n3w5p4p3r

لوحة مرسومة
p41n71n6

مُلصق
p0573r

راديو
r4d10

دفتر ملاحظات
n073b00k

المكنسة الكهربائية
v4cuum cl34n3r

صبّار
c4c7u5

شمعة
c4ndl3

مطبخ

k17ch3n

برّاد
fr1d63
ميكروويف
m1cr0w4v3 0v3n
ميزان المطبخ
محمصة الخبز
704573r
منظفات
cl34n1n6 463n7
فرن
570v3
ثلاجة
fr33z3r
قماما
7r45h c4n
جلاية
d15hw45h3r

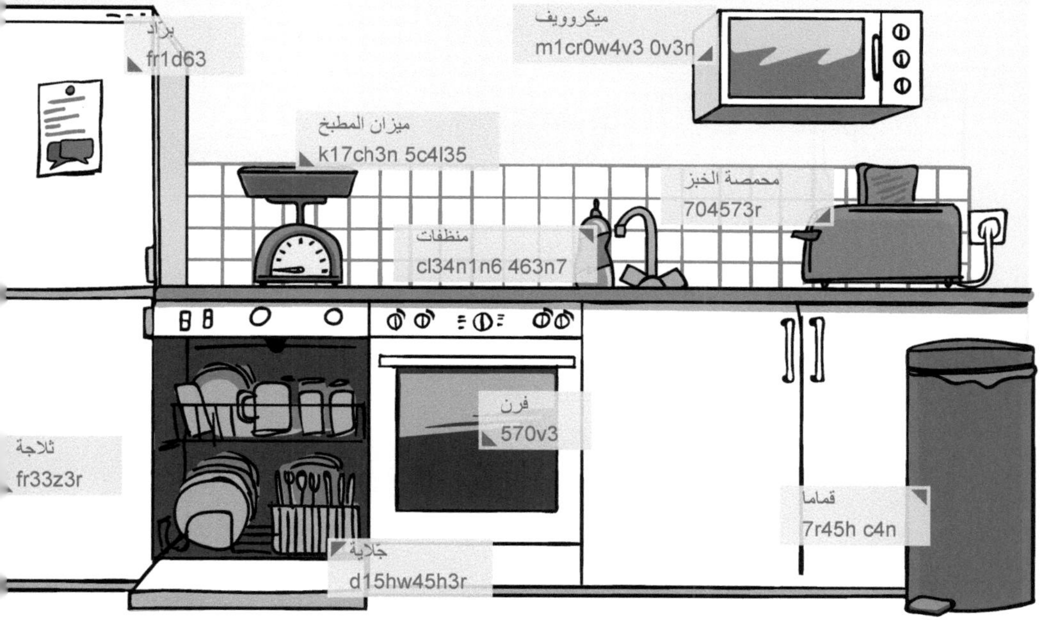

موقد

c00k3r

قِدر

p07

وعاء من الحديد

c457-1r0n p07

قدر صيني

w0k / k4d41

مقلاة

p4n

غلاية

k377l3

قدر البخار

5734m3r

صينية

b4k1n6 7r4y

أواني

cr0ck3ry

فنجان

mu6

صحن

b0wl

عيدان الأكل

ch0p571ck5

مغرفة

l4dl3

ملعقة منبسطة

5p47ul4

خفاقة

wh15k

مصفاة

57r41n3r

مصفاة

513v3

مِبشرة

6r473r

هاون

m0r74r

شواء

b4rb3cu3

موقد

f1r3pl4c3

لوح التقطيع

ch0pp1n6 b04rd

نشّابة

r0ll1n6 p1n

مفتاح الزجاجات

c0rk5cr3w

علبة

c4n

مفتاح العلب المعدنية

c4n 0p3n3r

قماش الفرن

0v3n cl07h

مجلى

51nk

فرشاة

bru5h

إسفنج

5p0n63

خلاط

bl3nd3r

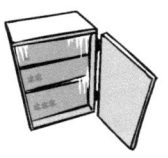

مجمّدة

d33p fr33z3r

زجاجة الطفل

b4by b077l3

صنبور الماء

74p

الحمّام

b47hr00m

دوش
5h0w3r
تدفئة
h3471n6
منشفة
70w3l
ستارة الدوش
5h0w3r cur741n
حمام رغوة
bubbl3 b47h
b47h7ub
كأس
6l455
غسّالة
w45h1n6 m4ch1n3
صنبور الماء
74p
بلاط
71l35
قفازات مطاطية
p077y
مجلى
51nk

حمام

701l37

مرحاض القرفصاء

5qu47 701l37

حوض التشطيف

b1d37

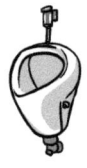

مبولة

ur1n4l

ورق المرحاض

701l37 p4p3r

فرشاة الحمام

701l37 bru5h

فرشاة الأسنان

7007hbru5h

معجون الأسنان

7007hp4573

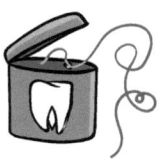

خيط حرير لتنظيف الأسنان

d3n74l fl055

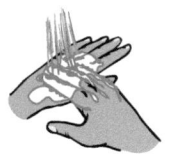

يغسل

w45h

رشاش ماء يدوي

h4nd 5h0w3r

شطاف

d0uch3

حوض الغسيل

b451n

فرشاة الظهر

b4ck bru5h

صابون

504p

جيل الدوش

5h0w3r 63l

شامبو

5h4mp00

ممسحة

fl4nn3l

مصرف للماء

dr41n

مرهم

cr3m3

مزيل الروائح

d30d0r4n7

مرآة

m1rr0r

مرآة يد

h4nd m1rr0r

موس حلاقة

r4z0r

رغوة الحلاقة

5h4v1n6 f04m

كولونيا

4f73r5h4v3

مشط

c0mb

فرشاة

bru5h

سشوار

h41r-dry3r

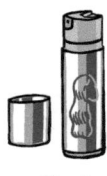

مثبت للشعر

h41r5pr4y

ماكياج

m4k3up

روج

l1p571ck

طلاء أظافر

n41l v4rn15h

قطن

c0770n w00l

مقص أظافر

n41l 5c1550r5

عطر

p3rfum3

سلّة الغسيل
....
w45hb46

مقعد صغير
....
5700l

ميزان
....
w316h1n6 5c4l35

معطف الحمام
....
b47hr0b3

قفازات مطاطية
....
rubb3r 6l0v35

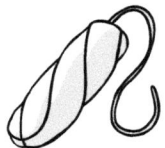

سدادة قطنية
....
74mp0n

منشفة صحية
....
54n174ry 70w3l

تواليت كيميائية
....
ch3m1c4l 701l37

غرفة الأطفال

ch1ld'5 r00m

منبّه
4l4rm cl0ck
الحيوانات المحنطة
cuddly 70y
سيارة لعبة
70y c4r
خشخشة
r477l3
بيت الدمى
d0ll'5 h0u53
هدية
pr353n7

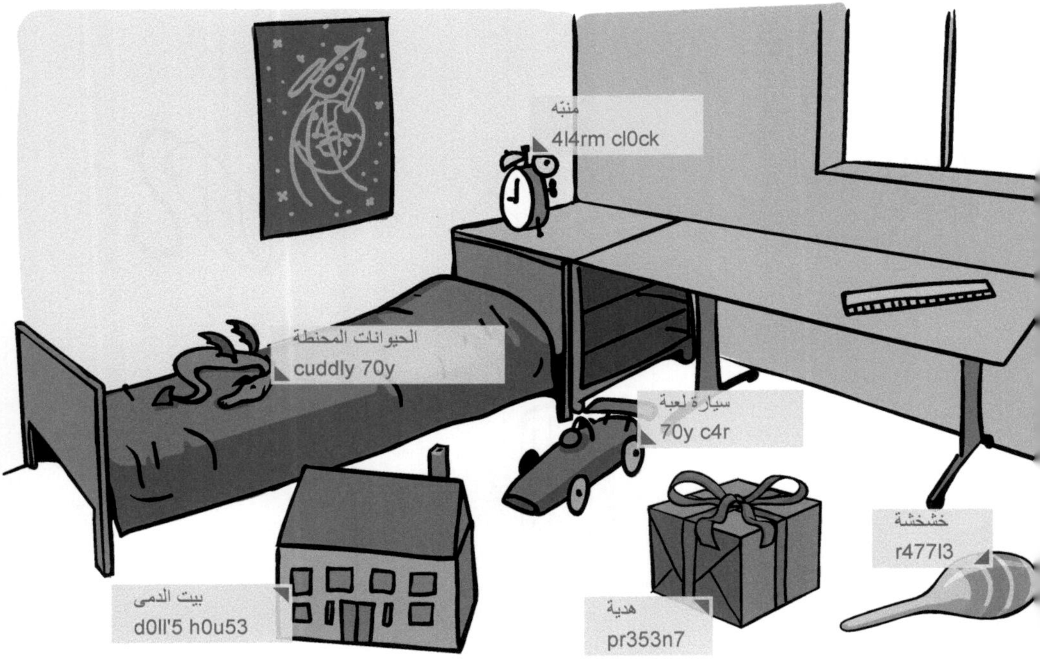

بالون

b4ll00n

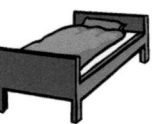

سرير

b3d

عربة الأطفال

57r0ll3r

لعبة الورق

d3ck 0f c4rd5

أحجية

j1654w

رسوم هزلية

c0m1c

أحجار الليغو
....
l360 br1ck5

حجارة تركيب
....
70y bl0ck5

دمية بطل
....
4c710n f16ur3

لباس الطفل
....
r0mp3r 5u17

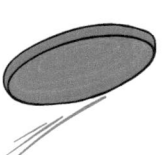

فريسبي
....
fr15b33

دمية معلّقة
....
m0b1l3

لعبة الطاولة
....
b04rd 64m3

لعبة النرد
....
d1c3

لعبة قطار
....
m0d3l 7r41n 537

مصّاصة
....
dummy

حفلة
....
p4r7y

كتاب مصوّر
....
p1c7ur3 b00k

كرة
....
b4ll

دمية
....
d0ll

يلعب
....
pl4y

ملعب رملي للأطفال
....
54ndp17

أرجوحة
....
5w1n6

لعبة
....
70y

ألعاب فيديو
....
v1d30 64m3 c0n50l3

دراجة ثلاثية
....
7r1cycl3

دمية على شكل الدب
....
73ddy b34r

خزانة الثياب
....
w4rdr0b3

ثياب

cl07h1n6

جوارب قصيرة
....
50ck5

جوارب طويلة
....
570ck1n65

جورب بنطلون
....
716h75

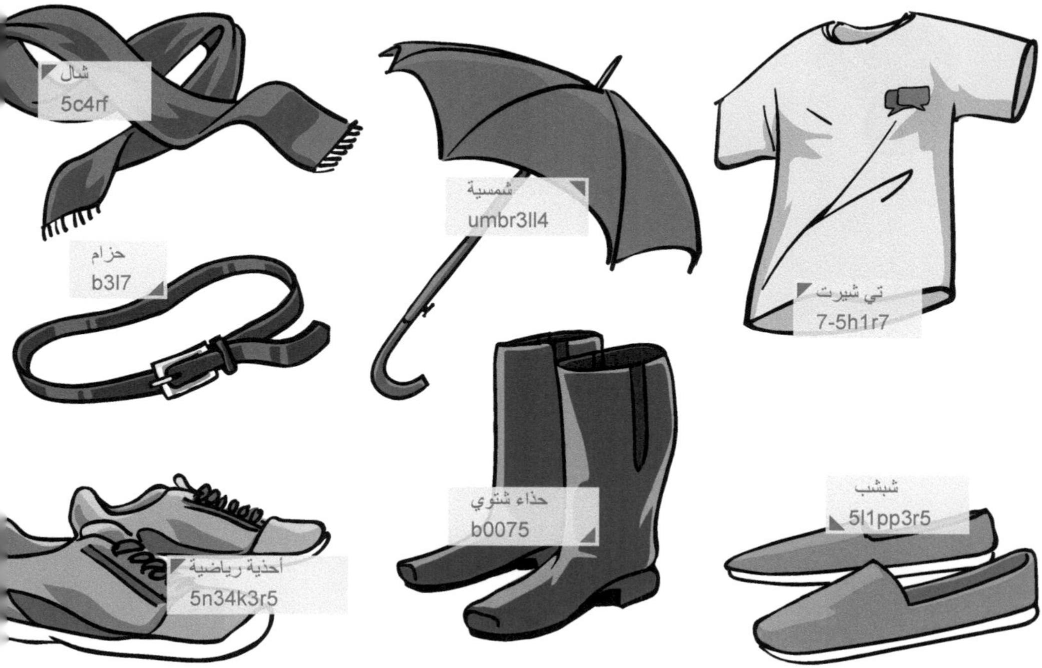

شال
5c4rf

شمسية
umbr3ll4

تي شيرت
7-5h1r7

حزام
b3l7

حذاء شتوي
b0075

شبشب
5l1pp3r5

أحذية رياضية
5n34k3r5

صندل
....
54nd4l5

حذاء
....
5h035

جزمة كاوتشوك
....
rubb3r b0075

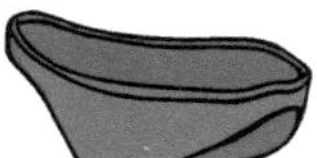

سروال داخلي
....
br13f5

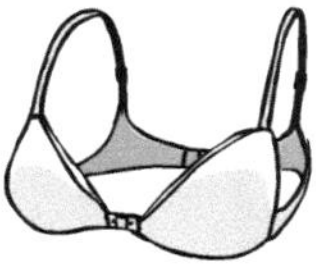

صدّارة
....
br4

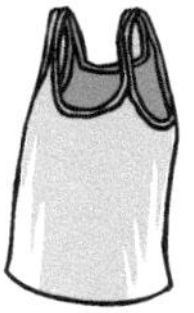

قميص داخلي
....
und3r5h1r7

لباس ملاصق للجسم

b0dy

بنطلون

p4n75

جينز

j34n5

تنورة

5k1r7

بلوزة

bl0u53

قميص

5h1r7

سترة قطنية

pull0v3r

كنزة كم طويل

5w3473r

سترة فضفاضة

bl4z3r

سترة

j4ck37

معطف

c047

معطف مطري

r41nc047

زي - طقم نسائي

c057um3

ثوب

dr355

ثوب الزفاف

w3dd1n6 dr355

طقم

5u17

قميص نوم

n16h760wn

بيجاما

p4j4m45

ساري

54r1

حجاب

h34d5c4rf

عمامة

7urb4n

برقع

burk4

قفطان

k4f74n

عباءة

4b4y4

مايوه

5w1m5u17

سروال سباحة

7runk5

شرت

5h0r75

بدلة رياضية

7r4ck5u17

مئزر

4pr0n

قفازات

6l0v35

زر

bu770n

نظّارة

6l45535

إسوارة

br4c3l37

عقد

n3ckl4c3

خاتم

r1n6

قرط

34rr1n6

طاقيّة

c4p

علاقة ثياب

c047 h4n63r

قبّعة

h47

ربطة العنق

713

سحّاب

z1p

خوذة

h3lm37

حمّالة البنطلون

br4c35

اللباس المدرسي

5ch00l un1f0rm

زي موحّد

un1f0rm

مريلة الأطفال
....
b1b

مصّاصة
....
dummy

لفافة
....
d14p3r

مكتب

0ff1c3

المخدّم
53rv3r
خزانة الملفات
f1l1n6 c4b1n37
ورقة
p4p3r
طابعة
pr1n73r
شاشة
m0n170r
طاولة المكتب
d35k
فارة
m0u53
ملف
f0ld3r
لوحة المفاتيح
k3yb04rd
قماما
w4573-p4p3r b45k37
حاسوب
c0mpu73r
كرسي
ch41r

كأس من القهوة
....
c0ff33 mu6

الألة الحاسبة
....
c4lcul470r

الإنترنت
....
1n73rn37

الحاسوب المحمول
....
l4p70p

رسالة
....
l3773r

خبر
....
m355463

الهاتف المحمول
....
c3ll ph0n3

شبكة
....
n37w0rk

جهاز تصوير
....
ph070c0p13r

البرمجيات
....
50f7w4r3

هاتف
....
73l3ph0n3

مقبس كهربائي
....
plu6 50ck37

فاكس
....
f4x m4ch1n3

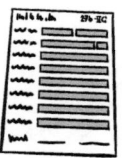

استمارة
....
f0rm

وثيقة
....
d0cum3n7

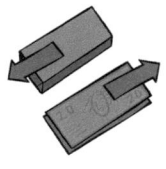

اقتصاد

3c0n0my

يشتري

buy

يدفع

p4y

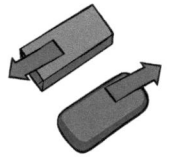

يتاجر

7r4d3

مال

m0n3y

دولار

d0ll4r

يورو

3ur0

ين

y3n

روبل

r0ubl3

فرنك سويسري

5w155 fr4nc

يوان

r3nm1nb1 yu4n

روبية

rup33

صرّاف آلي

c45h p01n7

مكتب صرافة

curr3ncy 3xch4n63 0ff1c3

ذهب

60ld

فضة

51lv3r

نفط

01l

طاقة

3n3r6y

سعر

pr1c3

عقد

c0n7r4c7

ضريبة

74x

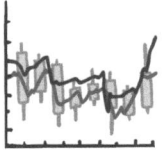

سهم

570ck

يعمل

w0rk

موظف

3mpl0y33

رب العمل

3mpl0y3r

مصنع

f4c70ry

متجر

5h0p

المِهَن

0ccup4710n5

الشرطي
p0l1c3 0ff1c3r
رجل إطفاء
f1r3m4n
طبّاخ
c00k
الطبيب
d0c70r
طيّار
p1l07

بستاني

64rd3n3r

نجّار

c4rp3n73r

خيّاطة

534m57r355

قاضٍ

jud63

كيميائي

ch3m157

ممثل

4c70r

سائق حافلة

bu5 dr1v3r

سائق تاكسي

74x1 dr1v3r

صياد سمك

f15h3rm4n

أجيرة للتنظيف

cl34n1n6 l4dy

بنّاء سقف

r00f3r

نادل

w4173r

صيّاد

hun73r

رسّام

p41n73r

خباز

b4k3r

كهربائي

3l3c7r1c14n

عامل بناء

bu1ld3r

مهندس

3n61n33r

لحّام

bu7ch3r

سمكري

plumb3r

ساعي البريد

p057m4n

جندي

50ld13r

مهندس معماري

4rch173c7

أمين صندوق

c45h13r

بائع الزهور

fl0r157

حلاق

h41rdr3553r

مراقب القطار

c0nduc70r

ميكانيكي

m3ch4n1c

قبطان

c4p741n

طبيب أسنان

d3n7157

رجل العلم

5c13n7157

حاخام

r4bb1

إمام

1m4m

راهب

m0nk

كاهن

p4570r

عدة عمل

700l5

كمّاشة
pl13r5
مطرقة
h4mm3r
مفك البراغي
5cr3wdr1v3r
مصباح يد
70rch
مفتاح ربط
wr3nch

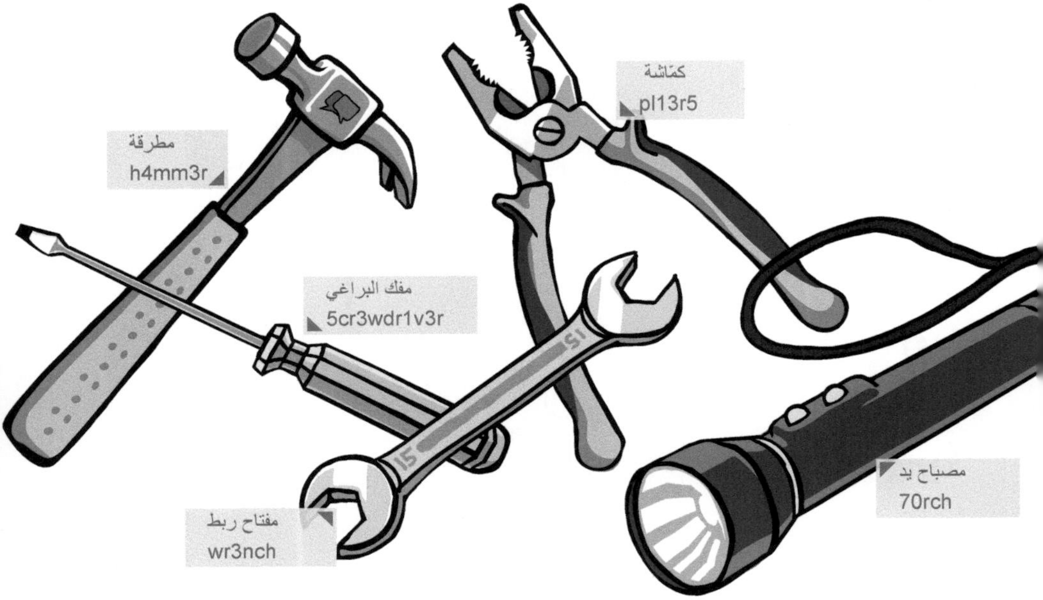

جرافة
....
3xc4v470r

صندوق العدة
....
700lb0x

سلّم
....
l4dd3r

منشار
....
54w

مسامير
....
n41l5

مثقب
....
dr1ll

يصلح

r3p41r

مجرفة

5h0v3l

اللعنة

d4mn!

لقاطة الكناسة

du57p4n

سطل الألوان

p41n7 c4n

براغي

5cr3w5

آلات موسيقية

mu51c4l 1n57rum3n75

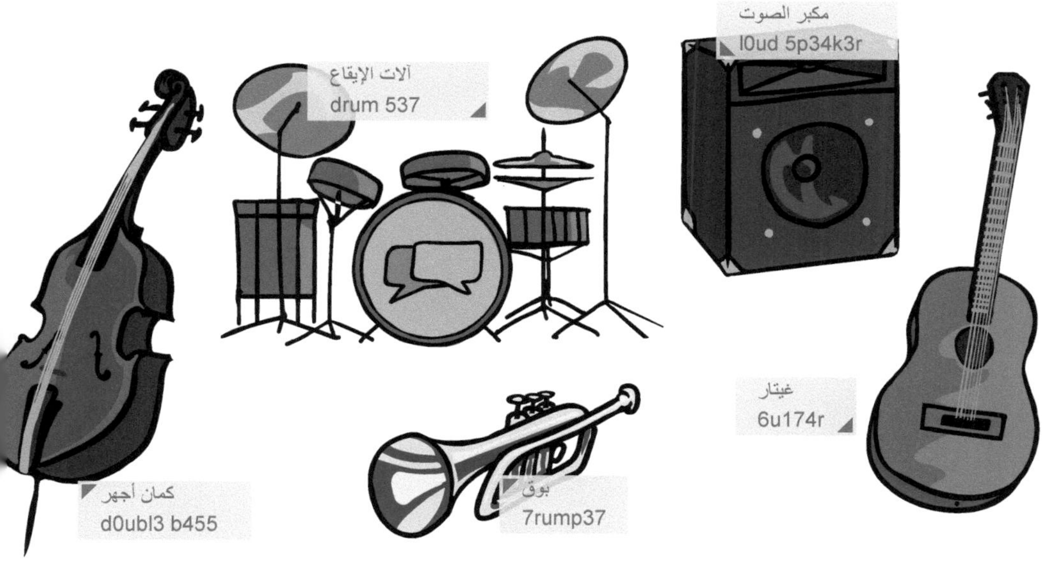

آلات الإيقاع
drum 537

مكبر الصوت
l0ud 5p34k3r

غيتار
6u174r

بوق
7rump37

كمان أجهر
d0ubl3 b455

بيانو

....

p14n0

كمنجة

....

v10l1n

جهير

....

b455

طبل كبير

....

71mp4n1

طبل

....

drum5

بيانو كهربائي

....

k3yb04rd

ساكسوفون

....

54x0ph0n3

ناي

....

flu73

ميكروفون

....

m1cr0ph0n3

حديقة حيوانات

z00

نمر
7163r
قفص
c463
حمار الوحش
z3br4
علف للحيوانات
4n1m4l f33d
مدخل
3n7r4nc3
دب باندا
p4nd4

حيوانات

4n1m4l5

فيل

3l3ph4n7

كنغر

k4n64r00

وحيد القرن

rh1n0

غوريلا

60r1ll4

دب

b34r

أسد

l10n

نعامة

057r1ch

جمل

c4m3l

ببغاء

p4rr07

طائر فلامينغو

fl4m1n60

قرد

m0nk3y

سمك القرش

5h4rk

بطريق

p3n6u1n

دب قطبي

p0l4r b34r

تمساح

cr0c0d1l3

أفعى

5n4k3

طاووس

p34c0ck

نمر أمريكي مرقط

j46u4r

عجل البحر

534l

حارس في حديقة الحيوان

z00k33p3r

فرس قزم

....

p0ny

نمر

....

l30p4rd

فرس النهر

....

h1pp0

زرافة

....

61r4ff3

نسر

....

346l3

خنزير برّي

....

b04r

سمك

....

f15h

سلحفاة

....

7ur7l3

حيوان فظ البحري

....

w4lru5

ثعلب

....

f0x

غزال

....

64z3ll3

رياضة

5p0r75

كرة القدم الأمريكية
4m3r1c4n f007b4ll
ركوب الدراجات
cycl1n6
كرة التنس
73nn15
كرة السلة
b45k37b4ll
السباحة
5w1mm1n6
الملاكمة
b0x1n6
هوكي الجليد
1c3 h0ck3y

كرة القدم

50cc3r

الريشة الطائرة

b4dm1n70n

ألعاب القوى الخفيفة

47hl371c5

كرة اليد

h4ndb4ll

التزلج على الثلج

5k11n6

بولو

p0l0

نشاطات

4c71v17135

يضحك
l4u6h
يقفز
jump
يعانق
hu6
يمشي
w4lk
يغني
51n6
يحلم
dr34m
يصلي
pr4y
يقبل
k155

يكتب

wr173

يرسم

dr4w

يُري

5h0w

يدفع

pu5h

يعطي

61v3

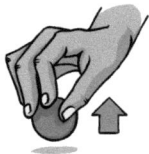

يأخذ

74k3

يملك
....
h4v3

يعمل
....
d0

يوجد
....
b3

يقف
....
574nd

يركض
....
run

يسحب
....
pull

يرمي
....
7hr0w

يقع
....
f4ll

يستلقي
....
l13

ينتظر
....
w417

يحمل
....
c4rry

يجلس
....
517

يلبس
....
637 dr3553d

ينام
....
5l33p

يستيقظ
....
w4k3 up

ينظر إلى ..	يبكي	يمسّد
l00k 47	cry	57r0k3

يمشّط	يتكلّم	يفهم
c0mb	74lk	und3r574nd

يسأل	يسمع	يشرب
45k	l1573n	dr1nk

يأكل	يرتّب	يحبّ
347	71dy up	l0v3

يطبخ	يقود	يطير
c00k	dr1v3	fly

يبحر بزورق شراعي

541l

يحسب

c4lcul473

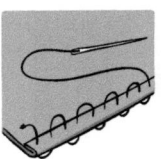

يقرأ

r34d

يتعلم

l34rn

يعمل

w0rk

يتزوج

m4rry

يخيط

53w

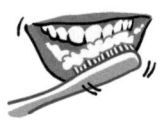

ينظف أسنانه

bru5h 7337h

يقتُل

k1ll

يدخّن

5m0k3

يرسل

53nd

عائلة

f4m1ly

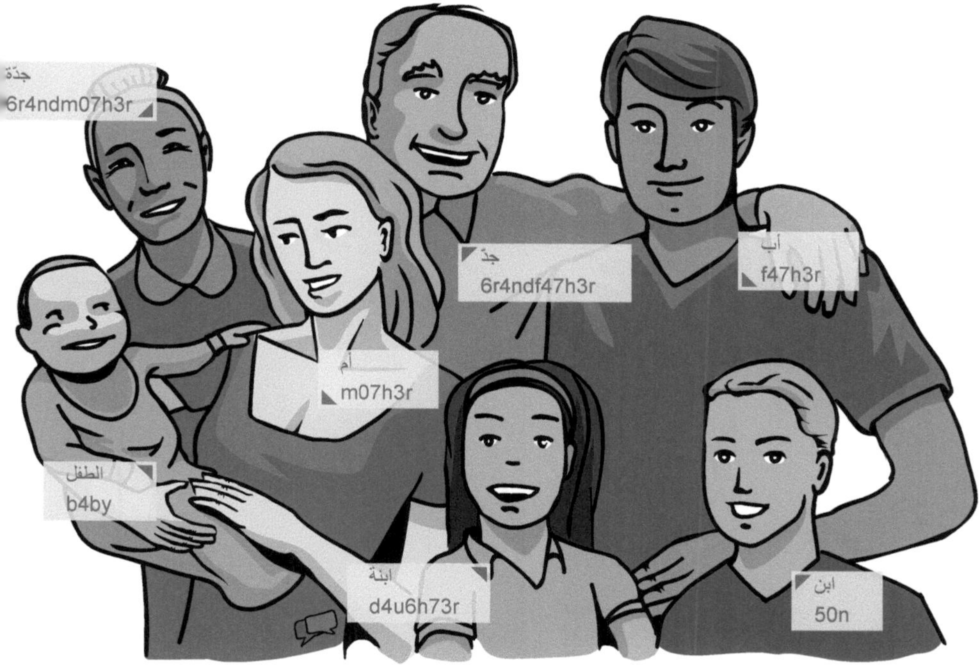
جدّة
6r4ndm07h3r
جدّ
6r4ndf47h3r
أب
f47h3r
أم
m07h3r
الطفل
b4by
ابنة
d4u6h73r
ابن
50n

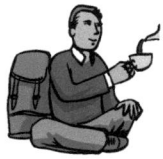

ضيف

6u357

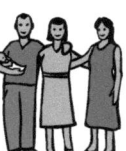

عمّة / خالة

4un7

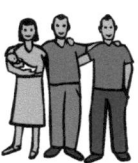

عمّ / خال

uncl3

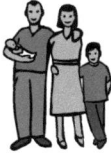

أخ

br07h3r

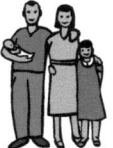

أخت

51573r

الجسم

b0dy

الجبين
f0r3h34d
العين
3y3
الكتف
5h0uld3r
الإصبع
f1n63r
الوجه
f4c3
الذقن
ch1n
اليد
h4nd
الساق
l36
الصدر
br3457
الذراع
4rm

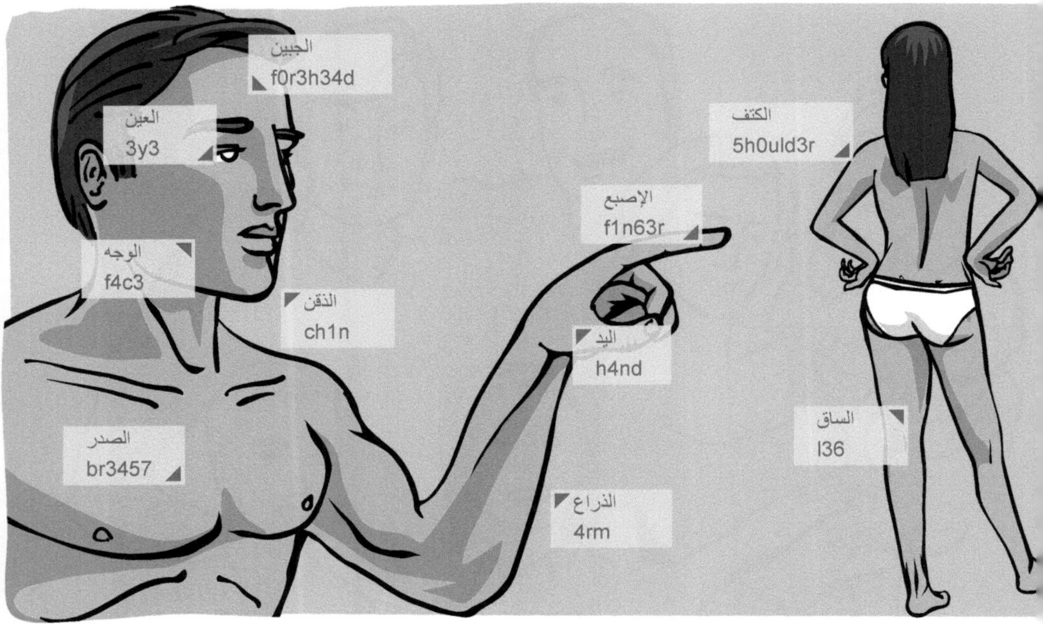

الطفل

b4by

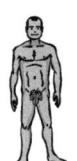

الرجل

m4n

المرأة

w0m4n

البنت

61rl

الولد

b0y

الرأس

h34d

الظهر

b4ck

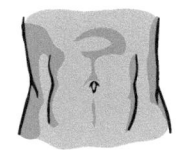

البطن

b3lly

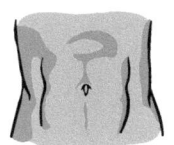

السرّة

n4v3l

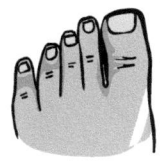

إصبع القدم

703

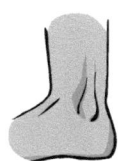

الكعب

h33l

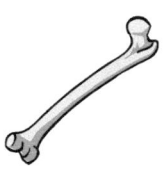

العظم

b0n3

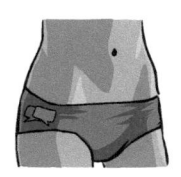

الورك

h1p

الركبة

kn33

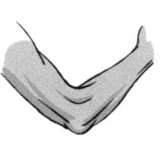

المِرفق

3lb0w

الأنف

n053

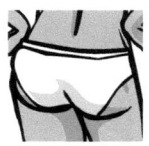

العَجُز

bu770ck5

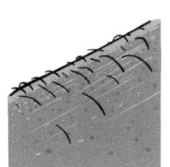

البشرة

5k1n

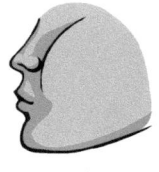

الخد

ch33k

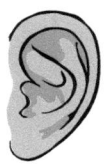

الأذن

34r

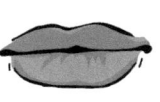

الشفة

l1p

الفم

....

m0u7h

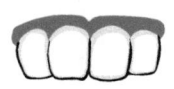

السن

....

7007h

اللسان

....

70n6u3

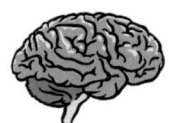

الدماغ

....

br41n

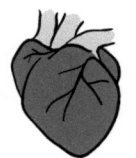

القلب

....

h34r7

العضلة

....

mu5cl3

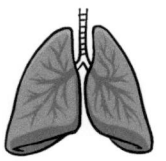

الرئة

....

lun6

الكبد

....

l1v3r

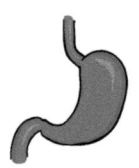

المعدة

....

570m4ch

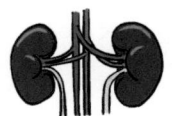

الكِلى

....

k1dn3y5

الاتصال الجنسي

....

53x

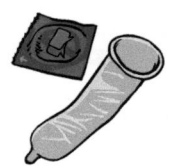

الواقي المطاطي

....

c0nd0m

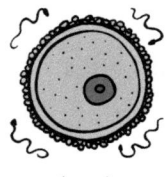

البويضة

....

0vum

المنيّ

....

53m3n

الحمل

....

pr36n4ncy

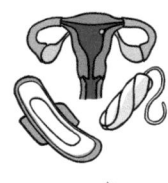

الحيض

m3n57ru4710n

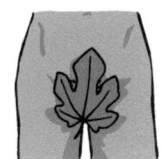

المهبل

v461n4

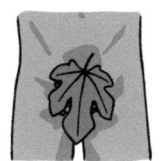

القضيب

p3n15

الحاجب

3y3br0w

الشعر

h41r

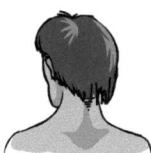

الرقبة

n3ck

المستشفى
h05p174l

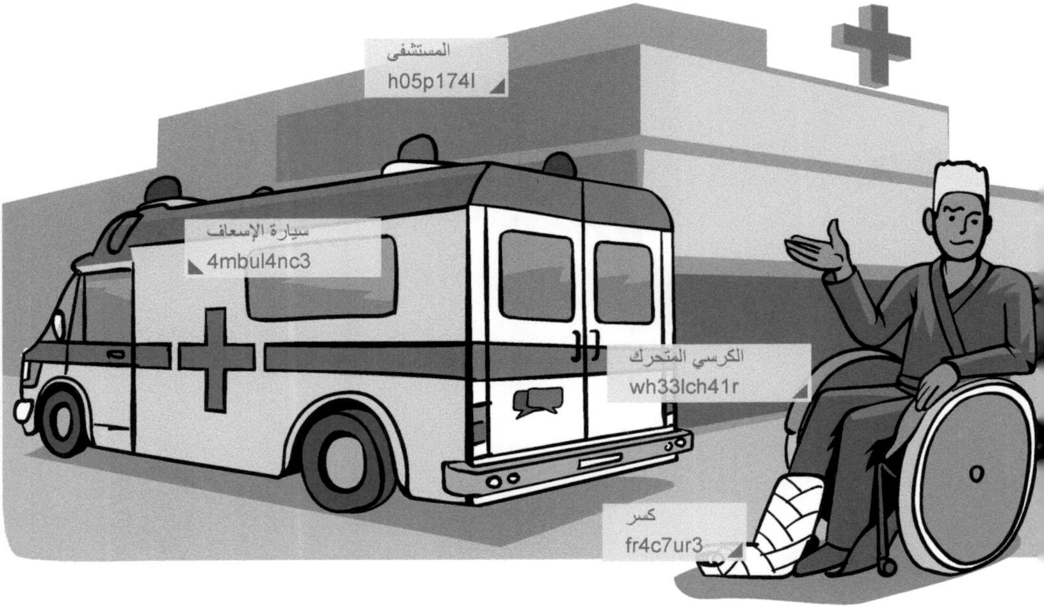

المستشفى
h05p174l
سيارة الإسعاف
4mbul4nc3
الكرسي المتحرك
wh33lch41r
كسر
fr4c7ur3

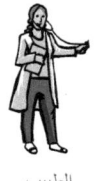

الطبيب

d0c70r

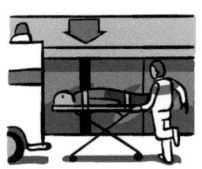

غرفة الإسعاف

3m3r63ncy r00m

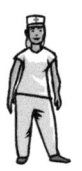

الممرضة

nur53

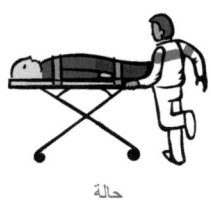

حالة

3m3r63ncy

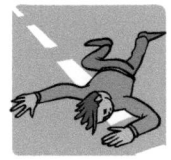

مغمى عليه

unc0n5c10u5

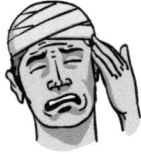

الألم

p41n

إصابة

1njury

النزيف

bl33d1n6

احتشاء القلب

h34r7 4774ck

جلطة

57r0k3

حسسية

4ll3r6y

السعال

c0u6h

الحُمّى

f3v3r

إنفلونزا

flu

الإسهال

d14rrh34

وجع الرأس

h34d4ch3

السرطان

c4nc3r

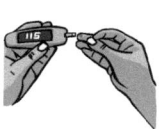

مرض السكر

d14b3735

جرّاح

5ur630n

مبضع

5c4lp3l

عملية

0p3r4710n

سيتي سكان

c7

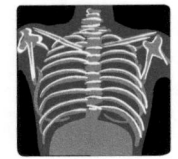

الأشعة السينية

x-r4y

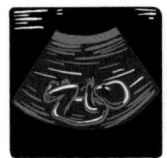

فوق الصوتي

ul7r450und

القناع

f4c3 m45k

المرض

d153453

غرفة الانتظار

w4171n6 r00m

العُكاز

cru7ch

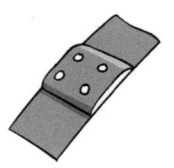

شريط لاصق

pl4573r

ضماد

b4nd463

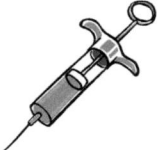

حقنة

1nj3c710n

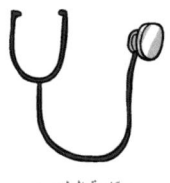

سمّاعة الطبيب

5737h05c0p3

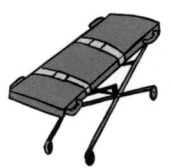

نقالة

57r37ch3r

ميزان حرارة

cl1n1c4l 7h3rm0m373r

ولادة

b1r7h

وزن زائد

0v3rw316h7

جهاز السمع

h34r1n6 41d

المواد المعقمة

d151nf3c74n7

عدوى

1nf3c710n

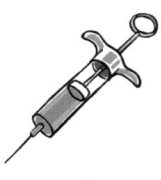

فيروس

v1ru5

الإيدز

h1v / 41d5

الطب

m3d1c1n3

اللقاح

v4cc1n4710n

أقراص الدواء

74bl375

حبّة الدواء

p1ll

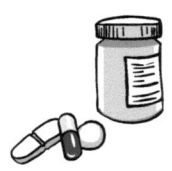

نداء النجدة

3m3r63ncy c4ll

مقياس ضغط الدم

bl00d pr355ur3 m0n170r

مريض / صحيح

1ll / h34l7hy

حالة

3m3r63ncy

النجدة!

h3lp!

إنذار

4l4rm

اعتداء

4554ul7

هجوم

4774ck

خطر

d4n63r

مخرج طوارئ

3m3r63ncy 3x17

حريق!

f1r3!

جهاز الإطفاء

f1r3 3x71n6u15h3r

حادث

4cc1d3n7

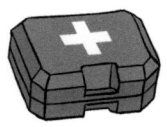

حقيبة الإسعاف الأولي

f1r57-41d k17

أنقذونا

505

الشرطة

p0l1c3

أرض
34r7h

أوروبا

3ur0p3

أمريكا الشمالية

n0r7h 4m3r1c4

أمريكا الجنوبية

50u7h 4m3r1c4

أفريقيا

4fr1c4

آسيا

4514

أستراليا

4u57r4l14

المحيط الأطلسي

47l4n71c

المحيط الهادي

p4c1f1c

المحيط الهندي

1nd14n 0c34n

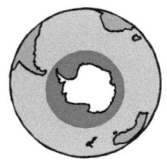

المحيط المتجمد الجنوبي

4n74rc71c 0c34n

المحيط المتجمد الشمالي

4rc71c 0c34n

القطب الشمالي

n0r7h p0l3

القطب الجنوبي
....
50u7h p0l3

منطقة القطب الجنوبي
....
4n74rc71c4

أرض
....
34r7h

بر
....
l4nd

بحر
....
534

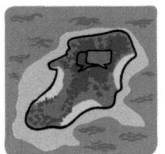

جزيرة
....
15l4nd

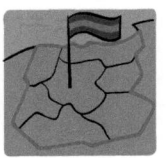

أمة
....
n4710n

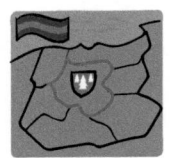

دولة
....
57473

ساعة

cl0ck

مِيناء الساعة

....

cl0ck f4c3

عقرب الساعات

....

h0ur h4nd

عقرب الدقائق

....

m1nu73 h4nd

عقرب الثواني

....

53c0nd h4nd

كم الساعة الآن؟

....

wh47 71m3 15 17?

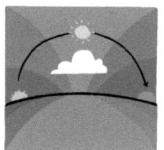

يوم

....

d4y

زمن

....

71m3

الآن

....

n0w

ساعة رقمية

....

d16174l w47ch

دقيقة

....

m1nu73

ساعة

....

h0ur

أسبوع

w33k

الإثنين
m0nd4y

الثلاثاء
7u35d4y

الأربعاء
w3dn35d4y

الخميس
7hur5d4y

الجمعة
fr1d4y

السبت
547urd4y

الأحد
5und4y

الأمس
y3573rd4y

اليوم
70d4y

غداً
70m0rr0w

الصباح
m0rn1n6

الظهر
n00n

المساء
3v3n1n6

أيام العمل
w0rkd4y5

نهاية الأسبوع
w33k3nd

سنة

y34r

مطر
r41n
قوس قزح
r41nb0w
ريح
w1nd
ثلج
5n0w
الربيع
5pr1n6
الصيف
5umm3r
الخريف
f4ll
الشتاء
w1n73r

4.APRIL 11°
5.APRIL 4°
6.APRIL 13°
7.APRIL 8°
8.APRIL 10°

التنبؤ بالحالة الجوية

w347h3r f0r3c457

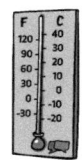

F

مقياس حرارة

7h3rm0m373r

ضوء الشمس

5un5h1n3

سحابة

cl0ud

ضباب

f06

رطوبة الجو

hum1d17y

برق

l16h7n1n6

رعد

7hund3r

عاصفة

570rm

بَرَد

h41l

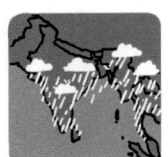

ريح موسمية

m0n500n

طوفان

fl00d

جليد

1c3

كانون الثاني / يناير

j4nu4ry

شباط / فبراير

f3bru4ry

آذار / مارس

m4rch

نيسان / أبريل

4pr1l

أيار / مايو

m4y

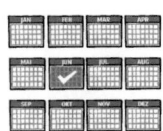

حزيران / يونيو

jun3

تموز / يوليو

july

آب / أغسطس

4u6u57

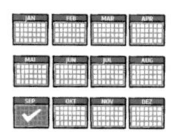

أيلول / سبتمبر
....
53p73mb3r

تشرين الأول / أكتوبر
....
0c70b3r

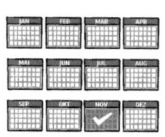

تشرين الثاني / نوفمبر
....
n0v3mb3r

كانون الأول / ديسمبر
....
d3c3mb3r

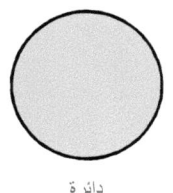

أشكال

5h4p35

دائرة
....
c1rcl3

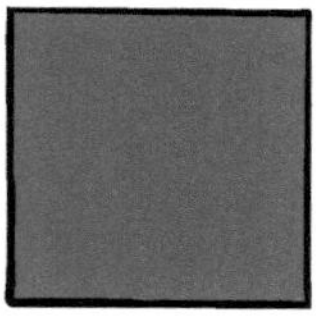

مربّع
....
5qu4r3

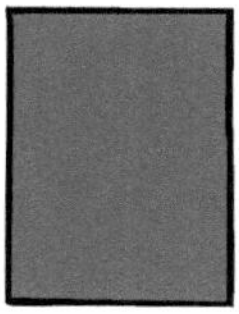

مستطيل
....
r3c74n6l3

مثلث
....
7r14n6l3

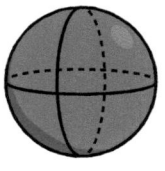

كرة
....
5ph3r3

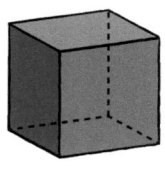

مكعب
....
cub3

ألوان

c0l0r5

أبيض

wh173

أصفر

y3ll0w

برتقالي

0r4n63

وردي

p1nk

أحمر

r3d

بنفسجي

purpl3

أزرق

blu3

أخضر

6r33n

بنّي

br0wn

رمادي

6r4y

أسود

bl4ck

الأضداد

0pp051735

جميل / قبيح
....
b34u71ful / u6ly

غضبان / هادئ
....
4n6ry / c4lm

كثير / قليل
....
4 l07 / 4 l177l3

فاتح / قاتم
....
br16h7 / d4rk

كبير / صغير
....
b16 / 5m4ll

بداية / نهاية
....
b361nn1n6 / 3nd

كامل / ناقص
....
c0mpl373 / 1nc0mpl373

نظيف / وسخ
....
cl34n / d1r7y

أخ / أخت
....
br07h3r / 51573r

عريض / ضيّق
....
w1d3 / n4rr0w

ميت / حيّ
....
d34d / 4l1v3

نهار / ليل
....
d4y / n16h7

صالح للأكل / غير صالح

3d1bl3 / 1n3d1bl3

شرّير / لطيف

3v1l / k1nd

مثير / ممل

3xc173d / b0r3d

سمين / نحيف

f47 / 7h1n

أولاً / أخيراً

f1r57 / l457

صديق / عدو

fr13nd / 3n3my

مليء / فارغ

full / 3mp7y

صلب / ليّن

h4rd / 50f7

ثقيل / خفيف

h34vy / l16h7

جوع / عطش

hun63r / 7h1r57

مريض / صحيح

1ll / h34l7hy

غير شرعي / شرعي

1ll364l / l364l

ذكي / غبي

1n73ll163n7 / 57up1d

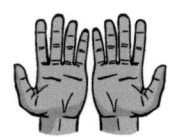

يسار / يمين

l3f7 / r16h7

قريب / بعيد

n34r / f4r

جديد / مستعمل
....
n3w / u53d

لا شيء / بعض الشيء
....
n07h1n6 / 50m37h1n6

مسن / شاب
....
0ld / y0un6

يشعل / يطفئ
....
0n / 0ff

مفتوح / مغلق
....
0p3n / cl053d

خافت / عالٍ
....
qu137 / l0ud

غني / فقير
....
r1ch / p00r

صح / خطأ
....
r16h7 / wr0n6

أحرش / املس
....
r0u6h / 5m007h

حزين / سعيد
....
54d / h4ppy

قصير / طويل
....
5h0r7 / l0n6

بطيء / سريع
....
5l0w / f457

مبلول / جاف
....
w37 / dry

ساخن / بارد
....
w4rm / c00l

حرب / سلم
....
w4r / p34c3

أرقام

numb3r5

0

صفر

z3r0

1

واحد

0n3

2

اثنان

7w0

3

ثلاثة

7hr33

4

أربعة

f0ur

5

خمسة

f1v3

6

ستة

51x

7

سبعة

53v3n

8

ثمانية

316h7

9

تسعة

n1n3

10

عشرة

73n

11

أحد عشر

3l3v3n

12

اثنا عشر

7w3lv3

13

ثلاثة عشر

7h1r733n

14

أربعة عشر

f0ur733n

15

خمسة عشر

f1f733n

16

ستة عشر

51x733n

17

سبعة عشر

53v3n733n

18

ثمانية عشر

316h733n

19

تسعة عشر

n1n3733n

20

عشرون

7w3n7y

100

مائة

hundr3d

1.000

ألف

7h0u54nd

1.000.000

مليون

m1ll10n

اللغات

l4n6u4635

لغة ماندارين الصينية

ch1n353 m4nd4r1n

الإنكليزية الأمريكية

4m3r1c4n 3n6l15h

الإنكليزية

3n6l15h

الفرنسية

fr3nch

الإسبانية

5p4n15h

الهندية

h1nd1

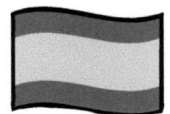

البرتغالية

p0r7u6u353

الروسية

ru5514n

العربية

4r4b1c

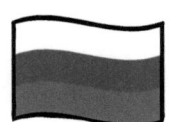

اليابانية

j4p4n353

الألمانية

63rm4n

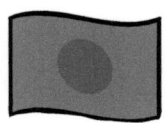

البنغالية

b3n64l1

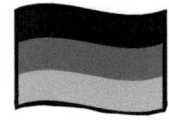

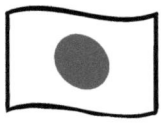

من / ماذا / كيف

wh0 / wh47 / h0w

أنا

....

1

أنت

....

y0u

هو / هي

....

h3 / 5h3 / 17

نحن

....

w3

أنتم

....

y0u

هم

....

7h3y

من؟

....

wh0?

ماذا؟

....

wh47?

كيف؟

....

h0w?

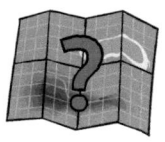

أين؟

....

wh3r3?

متى؟

....

wh3n?

اسم

....

n4m3

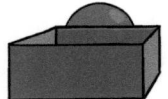

أين

wh3r3

خلف

b3h1nd

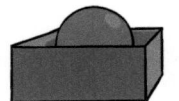

في

1n

أمام

1n fr0n7 0f

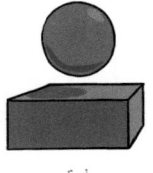

فوق

0v3r

على

0n

تحت

und3r

جنب

b351d3

بين

b37w33n

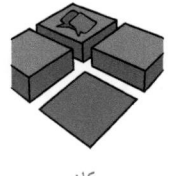

مكان

pl4c3